오렌지
The Orange

• **일러두기**
2부는 웬디 코프의 시집 《The Orange and other poems》의 원문이다.

THE ORANGE AND OTHER POEMS
Copyright © 2023 by Wendy Cope
All rights reserved.

Korean translation copyright © 2025 by wilma
Korean translation rights arranged with United Agents
through EYA Co.,Ltd

이 책의 한국어판 저작권은 EYA Co.,Ltd를 통해
United Agents와 독점 계약한 윌마가 소유합니다.
저작권법에 의하여 한국 내에서 보호를 받는 저작물이므로
무단 전재 및 복제를 금합니다.

오렌지
The Orange

웬디 코프 지음
오웅석 옮김

사랑해.

　　　살아있어 참 좋다.

차례

1부 오렌지

발렌타인	12
오렌지	13
꽃	14
새벽 3시에	15
상실	16
사랑의 치유법 두 가지	17
문제의 정의	18
걱정돼	19
영혼 없는 칭찬	20
가볍게 더 많이 써 봐	21
점심 식사 후	23
좋아하는 것	24
자석	25
아홉 줄짜리 8행시	26
널 보면	27
네덜란드 초상화	28
시인의 불확실성	29

하이쿠	31
강가에서	32
이름들	33
티치 밀러	35
이제 가고 없는 친구들	37
작은 당나귀	38
크리스마스를 위한 시	40
남자들의 대화	41
노래	42
지루하게 지내기	44
그가 그녀에게 말한다	46
맹세	47
증거	48
떠날 거야	49

2부 THE ORANGE

Valentine	52
The Orange	53
Flowers	54
At 3 a.m.	55
Loss	56
Two Cures for Love	57
Defining the Problem	58
I Worry	59
Faint Praise	60
Some More Light Verse	61
After the Lunch	62
Favourite	63
Magnetic	64
Nine-line Triolet	65
Seeing You	66
Dutch Portraits	67
The Uncertainty of the Poet	68

Haiku	70
By the River	71
Names	72
Tich Miller	73
Absent Friends	74
Little Donkey	75
A Christmas Poem	76
Men Talking	77
Song	78
Being Boring	80
He Tells Her	82
A Vow	83
Evidence	84
Leaving	85

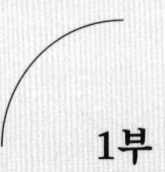

1부

오렌지

발렌타인

나는 마음을 먹었거든
근데 그게 너라니 무서워.
네가 무얼 기대했든,
나는 마음을 먹었거든
만약 너와 함께 할 수 없다면
올해 말고 내년도 괜찮아.
나는 마음을 먹었거든
근데 그게 너라니 무서워.

오렌지

점심시간에 커다란 오렌지를 하나 샀어 -
그 크기에 모두 웃음을 터뜨렸지.
난 껍질을 벗겨 로버트와 데이브에게 나눠 주었어 -
그들이 사분의 일씩 가지고 나는 반쪽을 가졌지.

그 오렌지 덕분에 너무도 행복했어,
평범한 일들이 종종 그렇지,
특히나 요즘에는. 장을 보는 일도. 공원을 거니는 일도.
모든 게 평화롭고 만족스러워. 새삼스럽게도.

남은 하루도 편하게 흘려보냈어.
해야 할 일을 모두 하면서도
즐거웠고 나중에는 여유시간도 생겼지.
사랑해. 살아있어 참 좋다.

꽃

어떤 남자들은 절대 생각하지 못하는데.
당신은 아녔어. 날 만나러 온 당신은
내게 꽃을 가져오려 했다고 말했거든.
하지만 뭔가 일이 있었다고 했지.

꽃가게가 문을 닫았거나, 어쩌면 의심을 품었던 거겠지 -
우리 마음이 끊임없이 꿈꾸는
그런 의심을. 당신은 이렇게 생각했던 거야
내가 당신의 꽃을 원하지 않을지 모른다고.

그래서 그때 난 웃으며 당신을 안아줬지.
이제 난 그저 웃을 수만 있어.
하지만, 봐봐, 당신이 가져다주려 했던 꽃은
여태껏 이렇게 오래 살아있어.

새벽 3시에

그 방은 째깍거리는 시계 소리 말고는
아무런 소리도 들리지 않아
마치 거대한 상자 속에
갇힌 곤충처럼,
공황 상태에 빠지기 시작했다.

책들이 카펫 위에 펼쳐져 있다.

다른 한쪽에서
당신이 잠들어 있고
당신 곁에 당신이 깰까
소리 없이 우는
한 여자가 있다.

상실

그가 떠나간 그날은 끔찍했어 -
그날 저녁 그녀는 지옥을 겪었지.
그가 없는 건 문제가 아니었어.
하지만 코르크 병따개도 사라져 버리다니.

사랑의 치유법 두 가지

1. 그를 찾지 말 것. 전화도 하지 말고 편지도 쓰지 말 것.
2. 쉬운 방법: 그에 대해 더 잘 알아볼 것.

문제의 정의

너를 용서할 수 없어. 설령 용서할 수 있어도,
너는 너를 꿰뚫어 본 나를 용서하지 않겠지.
그런데도 나는,
너를 사랑하는 마음을 어쩔 수가 없어
너를 알기 전에 알던 너로 인해.

걱정돼

난 네가 걱정돼 -
우리 마지막으로 얘기한 지 오래야.
내 사랑, 너는 풀이 죽어 있니?
상처받았니, 무너져내렸니?

난 네가 걱정돼
밤에 잠도 오질 않아.
슬픈 거니? 외로운 거니?
아니면, 그냥 잘 있는 거야?

사람들이 말하더라.
남자도 똑같다고, 똑같이 아프다고
걱정돼, 너무 걱정돼,
혹시 그 말이 틀릴까 봐.

영혼 없는 칭찬

크기가 전부는 아니야. 네가 어떻게 하느냐가
중요하지, 자기야, 그리고 넌 꽤 잘하고 있어
어떤 면에 있어선. 그럴 만하니까 그런 거겠지. -
넌 일하고, 말귀를 알아듣고, 냄새도 거의 안 나잖아.
작은 남자는 공격적이라고들 하던데,
그래도 넌 대체로 애교 있고 착하지,
내가 순순히 따르고, 내 생각을 말하지 않을 때만.
넌 괜찮아 보이거든. 배가 튀어나왔어도
나는 싫다고 한 적 없어. 누가 삐쩍 마른 애송이를 원하겠어?
내 친구들은 널 믿지 말라고 하지만
나는 네가 진실을 말하기도 한다고 변호해.
완벽한 사람은 없어. 가끔은, 자기야,
넌 거의 사람 같아. 이젠 진짜 사람이 다 되었어.

가볍게 더 많이 써 봐

노력해야 해. 심리상담도 받고.
이것저것 배워보고. 책도 읽고, 생각도 해보고.
외모를 가꾸려 애써 보기도 해.
남자도 좀 만나고, 책도 좀 써 보고.
좋은 음식을 챙겨 먹고, 군것질은 줄여.
담배는 피우지 않고, 술은 멀리해.
요가 수업을 듣고, 걷고, 수영도 해.
그런데도 달라지는 건 없어, 앞날은 깜깜해.
뭘 해야 할지 몰라. 울음이 터진다.
이젠 시도해 볼 만한 것들도 점점 바닥나고 있어.

훌쩍이며 코를 풀고. 상담을 다시 받고.
걷기도 하고. 먹고 마시는 일은 멈춰.
사랑에 빠지고, 계획도 세워.
이번엔 남자를 바꿔보려 애써 보기도 해.
그런데도 아무 소용이 없고, 앞날은 여전히 깜깜해.
요가를 가고, 울기도 하고, 수영도 해.
다시 먹고 마시며, 외모 따윈 포기해.
책을 제대로 써 보려 애쓰지만,

이게 다 무슨 의미인지 모르겠어. 한숨이 나온다.

그래도 담배는 피우지 않아.

노력해야 해.

점심 식사 후

워털루 브리지 위, 우리가 작별을 나눈 그곳에서
날씨 때문인지 눈물이 났어.
검은 털장갑으로 눈물을 훔치고
내가 사랑에 빠졌다는 것을 모른 척하려 해.

워털루 브리지 위, 이렇게 생각하려 하지.
아무것도 아냐. 그냥 너의 매력과 술기운에 취했을 뿐.
하지만 내 안의 주크박스는
전혀 다른 노래를 틀어댄다. 그리고,
그 노래가 틀린 적이 있었던가?

워털루 브리지 위, 불어오는 바람을 맞으며
팔짝 뛰고 싶은 충동에 빠져. *바보 같아.* 그래도 상관없어.
머리는 최선을 다해 부정하지만, 결국 가슴이 모든 걸 결정해 -
다리를 다 건너기도 전에, 나는 그 사실을 인정해버리고 만다.

좋아하는 것

 누군가 '좋아하는 시인은 누구입니까?'라고 내게 물어보면,
 당신을 언급하지 않는 게 좋겠어,
 비록 내가 정말 좋아하는 시인이 당신이고
 당신의 시도 좋아하지만 말이야.[*]

---

[*] 이 시를 쓴 웬디 코프의 남편인 라클란 맥키논(Lachlan Mackinnon) 역시 유명한 시인이다.

자석

여기 냉장고 문에 한 글자씩 붙여 본다
당신 정말 대단해
당신 코고느 소리마저 조아[*]

---

[*] 낱글자 자석이 모자라 다 붙이지 못한 원문의 마음을 그대로 표현했다.

아홉 줄짜리 8행시[*]

우리 이거 완전히 엉망이 되어 버렸네,
나의 천사, 내 귀염둥이, 내 마음의 진정한 사랑
기타 등등. 멈춰야 하지만 시작할 수가 없어.
우리 이거 완전히 엉망이 되어 버렸네 -
두 사람 모두 방향을 잡지 못해 어쩔 줄 몰라,
인생과 예술에서 낡은 규칙에 얽매어있어.
우리 이거 완전히 엉망이 되어 버렸네,
(우리가 헤어질 때 난 그 모든 규칙에 저주를 퍼부을 테다)
나의 천사, 내 귀염둥이, 내 마음의 진정한 사랑.

---

* 원문의 제목 중 Triolet(트리올레)은 2운각의 8행시인데 이해를 위해 '8행시'로 표기했다. 시에서 괄호로 된 여덟째 행이 추가되면서 8행시 각운 규칙은 틀어졌지만, 엉망에 닿았음을 이해해주기 바란다.

널 보면

널 보면 나는 슬퍼질 거야.
그래도 어쨌든 너를 보고 싶어.
우리가 함께한 시간을 되살릴 수는 없겠지 -
널 보면 나는 슬퍼질 거야.
어쩌면 잘못된 일일지도 몰라. 어쩌면 미친 짓일지도 몰라.
하지만 우리 둘 다 언젠가는 죽겠지.
널 보면 나는 슬퍼질 거야.
그래도 어쨌든 너를 보고야 말겠어.

네덜란드 초상화

놀랍게도 눈물을 흘리는 나 자신을 발견했어 -
그림이 이렇게 크게 다가온 적은 별로 없었는데.
연약한 두 눈을 가진 이 얼굴들
그리고 키스를 부르는 부드러운 입술.
긴 머리의 남편은 분명한 욕망의 시선으로
신부를 바라보며, 그녀의 손목을
감싸쥐고 있어, 그녀가 죽기 6년 전에 -
둘 다 너무 생생하고 너무 오랜 어둠에 가려졌다.
그리고 여기에 그려진 남편은
뚱뚱하고 수염이 났을 때의 당신을 닮았어. 무척이나 많이.

그는 참 행복해 보이고 그의 아내도 마찬가지인데,

여전히 미소를 짓고 있지만, 이제 그들은 더 이상 닿을 수 없어.

머지않아, 누군가 우리의 이야기를 읽게 되겠지.

아마 그들도 이렇게 느낄 거야. 아마 그들도 눈물을 흘릴 거야.

시인의 불확실성

'테이트 갤러리는 어제 화가 조르조 데 키리코[*]의 걸작
〈시인의 불확실성〉을 100만 파운드에 구입했다고 발표했다.
이 작품은 토르소 석고상과 바나나 송이를 표현한 그림이다.'
- 1985년 4월 2일 자《가디언》

나는 시인이다.
나는 바나나를 무척 좋아한다.

나는 바나나다.
나는 시인을 무척 좋아한다.

나는 바나나의 시인이다.
나는 무척 좋아하고,

'나는, 나는'을 좋아하는 시인이다 -
무척 바나나,

---

[*] 조르조 데 키리코(Giorgio de Chirico, 1888~1978): 형이상학파를 대표하는 이탈리아 화가

'나는 바나나인가,
나는?'을 좋아한다 - 무척 시인.

시인의 바나나!
나는 좋아하나? 나는 무척?

시인 바나나! 나는.
나는 '무척'을 좋아한다.

나는 무척 좋아하는 바나나의.
나는 시인인가?

하이쿠

무릇 완벽한 백포도주란
산미가 강하고 달콤하면서 차갑다.
마치 한겨울 새소리처럼.

강가에서

이렇게 조용한 낮에는
어쩌면 온기마저 들릴 듯하다.
어쩌면 짙푸른 잠자리가
낡은 흰색 나룻배에
살며시 앉는 소리마저 들릴 듯하다.

이름들

몇 주 동안 그녀는 일라이자였어
그녀가 아기였을 때엔 -
일라이자 릴리였지. 그리고 곧 릴로 바뀌었어.

이후에는 빵집의 스튜어트 양이 되었다가
그다음엔 '내 사랑', '여보', 어머니가 되었어.

서른 살에 과부가 된 그녀는 다시 일터에 나가면서
핸드 부인이 되었어. 그녀의 딸이 자라서,
결혼하고 아이를 낳았지.

이제 그녀는 할머니가 되었어. '모두가
나를 할머니라고 부른답니다', 그녀는 방문객들에게 이렇게 말했지.
그래서 사람들은 그렇게 불렀어 - 친구, 상인, 의사 모두.

노인 병동에서
사람들은 환자들의 기독교식 이름을 사용했어.

'릴,' 우리는 이렇게 불렀어. 또는 '할머니'라고,
그러나 그건 그녀의 기록지에 없었지
그리고 그 정신없던 마지막 몇 주 동안
그녀는 다시 한번 일라이자가 되었어.

티치 밀러

티치 밀러는 안경을 썼어
진한 핑크색 플라스틱 안경테였고
그 애의 한쪽 발은 다른 한쪽보다 세 사이즈나 더 컸어.

아이들이 밖에서 놀이를 하면서 팀을 짤 때면
그 아이와 난 항상 마지막까지 남았고
철망 울타리 옆에 멀뚱히 서 있어야 했어.

우리는 서로의 눈길을 피해,
공연히 몸을 숙여 신발 끈을 다시 묶거나,
어떤 행운을 주는 새가 날아가는 모습을

관심 있게 바라보는 것처럼 멍하니,
아이들이 다급하게 내뱉는 소리를 못 들은 척했어.
'뚱보를 데려가!' '아니, 아니, 티치를 데려가!'

대개 아이들은 그나마 좀 나은 나를 선택했고,
선택되지 못한 그 아이는 터벅터벅
다른 팀의 뒤쪽으로 걸어갔어.

열한 살이 되면서 우리는 서로 다른 학교를 다니게 되었어.

시간이 지나면서 나는 복수하는 법을 배웠고,

맞춤법을 틀리는 하키 선수들을 놀려주곤 했지.

티치는 열두 살 때 죽었어.

이제 가고 없는 친구들

'우리가 기억하는 사람들은
우리가 항상 하는 일과 연결된 이들이다.'
- 캐서린 화이트혼

로즈

20년 전에 죽은 내 학교 친구 로즈는,
일어나 교실을 걸어 다닐 때마다
허리 뒤쪽으로 카디건을 당겨 내렸어.

나는 거울을 힐끔 보다가
카디건이 위로 말려 올라간 걸 볼 때마다
로즈를 떠올린다.

그녀는 영어 과목에서 나의 경쟁자였지.
톨킨에 대한 그녀의 열정을 보고
선생님들은 크게 놀랐었는데
그런 이유로 난 《반지의 제왕》을 읽지 않았어
쉰다섯 살이 될 때까지.

작은 당나귀

아이들이 가장 좋아하는 노래. 우리들은
매년 크리스마스 합창 공연 무대에 올라
율동을 하면서 이 노래를 불러야 했어
난 피아노를 쳤는데, 한 아이는
코코넛 껍질이나 나무 블록으로 따그닥따그닥
소리를 내는, 탐나는 역할을 맡았지.

내가 가장 좋아하는 노래는 아니었어.
교사 생활을 그만둔 이후로
나는 그 노래를
10년 이상 잊고 지냈는데

어느 날, 크리스마스 무렵
번화한 거리에서
한 구세군 연주단이
그 곡을 연주하기 시작한 거야. 난 그 자리에 선 채

조용히 눈시울을 붉혔지.
〈작은 당나귀〉. 이 노래를 좋아했던

그 아이들의 모습.

당나귀 발굽 소리를 내는

그 역할을 맡고 싶어

하늘 높이 손을 들던 아이들의 모습.

크리스마스를 위한 시

  크리스마스가 되면 아이들은 노래하고 아름다운 종소리 울려 퍼져,
  차가운 겨울 공기로 손과 얼굴이 얼얼해지게 시려도
  행복한 가족들 교회에 모여 서로 즐겁게 어울려
  그런데 이런 일들이 믿을 수 없게 끔찍할 거야, 네가 만약 혼자라면.

남자들의 대화

사연이니 재미난 얘기니 하는 것들이,
쉬지 않고 끊임없이 쏟아져.
당신이 사내들 여럿과 함께 있다면,
그게 바로 사연이고 재미난 얘기지.

만약 당신이 그때 그 자리에서,
지루함으로 죽을 지경이라면,
머지않아, 그들도 알아차릴 거야,
당신이 죽을 지경이라면.

하지만 시간이 좀 걸릴 수는 있어.
그들끼리 재미에 푹 빠져있어서.
당신이 아무 말도 하지 않고 웃지 않아도.
시간이 좀 걸릴 수는 있어.

노래

사랑하는 그이가 차에 올라타며
내 바나나를 깔고 앉아 버렸어,
무심결에 놓아둔 그 바나나
그리고 내 유기농 과자를.

우린 삶과 사랑을 이야기했지,
그는 내 바나나를 짓누르고 있어,
있는 줄도 몰랐던, 부드러운 내 바나나
그리고 잊어버린 내 과자를.

그는 내게 여러 번 입 맞췄어
바나나를 깔고 앉은 채로,
이젠 완전히 으깨어진 바나나
그리고 위태로운 과자를.

우린 별들을 올려다보았지 -
그가 내 바나나를 깔고 앉아 있어,
점심으로 먹다 남은 내 바나나
그리고 맛있는 내 과자를.

마침내 그를 내려주고서
그 바나나를 살펴봤어 -
흑흑, 뭉개져 버린 불쌍한 바나나
그리고 슬프게도 부서져 버린 과자를.

그도 아마 모르지는 않았을 테지.
상당히 큰 바나나를
그리고, 바나나가 아니더라도,
그 큼직한 과자 봉지를.

하지만 그는 그런 사람이지.
바나나를 깔고 앉을 사람
몇 시간이라도 말이야. 바나나를 잘 챙기자.
그리고 과자 봉지도 잘 지키자.

그는 작별 인사를 하며 웃었지,
바나나처럼 상냥하게.
'너를 사랑해, 미련한 바나나야,'
난 이렇게 말하고, 과자를 집어 먹었어.

지루하게 지내기

'혼란스러운 시대를 살아가리라' - 중국식 저주

만약 내게 '무슨 새로운 일이 있어?'라고 묻는다면, 나는 할 말이 없다

그저 정원에서 키우는 채소 이야기 외에는.

감기 기운이 약간 있었는데 오늘은 좀 나아졌어.

일이 잘 흘러가면 나는 그걸로 만족해.

그래, 그는 평소와 같은 모습으로,

여전히 먹고 자고 코를 골지.

나는 내 일을 계속 해. 그도 그의 일을 계속하고.

이 모든 게 굉장히 지루하다는 건 잘 알고 있어.

격동적이던 내 과거는 한 편의 드라마였지.

눈물과 걱정으로 가득했어 - 탱크를 채울 만큼.

무소식이 희소식이니, 이 상태가 오래오래 지속되기를.

별일 없으면 그게 바로 감사한 일인 거야.

더 행복한 양배추를 본 적이 없을 테지.

나의 채소 정신이 솟구쳐 오르고 있다.

흥분을 추구하는 사람이라면, 나를 피해 지나쳐가 줘.

나는 지루하게 지내고 싶으니까.

난 파티에 가지 않아. 글쎄, 새로운 연인을 찾을 필요가 없으면
딱히 파티에 가야 할 이유가 있을까?
술 마시고 얘기 듣고 또다시 술 마시고 나면
다음날 회복하느라 오랫동안 고생하겠지.
내가 그토록 바란 건 집에 같이 있을 사람이었고,
이제는 안전하게 정착할 사람을 찾았으니,
인생에서 단 하나의 야망이 있다면, 바라건대
계속해서 지루하게 지낼 수 있기를.

그가 그녀에게 말한다

(루스 B.*를 위해)

지구는 평평하다고 그가 그녀에게 말한다 -
그는 자신이 사실을 안다고 확신에 차 있다.
길고 격렬한 언쟁을 거치면서
그녀는 그가 틀렸음을 증명하고자 최선을 다하지.
하지만 그는 논쟁을 주도하는 요령을 잘 알고 있어.
그는 그녀의 주장이 타당하지 않다고 말하면서
가끔은 그녀에게 소리치지 말라고도 한다.
그녀는 이길 수 없어. 그는 자신의 주장을 고집하고.

지구는 여전히 둥근 모습을 유지하고 있다.

---

* 루스 B. (Ruth B, 1995-): 캐나다 출신 흑인 여성 싱어송라이터

맹세

절대로 화내지 않겠다 약속은 못하겠어.
항상 친절하게 대하겠다 약속은 못하겠어.
당신은 무엇 때문인지 알 거야, 내 사랑아 -
사랑이 맹목적인 시기는 처음뿐이잖아.

그렇지만 나는 여전히 당신이 함께하고 싶은 사람이고
당신도 역시 나에게 그런 사람이야 - 그것만은 확실하지.
당신은 나의 가장 친한 친구, 내가 가장 좋아하는 사람,
내가 기다려왔던 연인이자 안식처야.

당신에게 어울리는 사람이 되겠다 약속은 못하겠어
당장 오늘은 말이야. 내가 그 기준을 통과하면 좋겠네.
난 당신을 사랑하고 당신을 행복하게 해주고 싶거든.
정말이지 최선을 다하겠다 약속할게.

증거

'수많은 일화적 증거는 우리가 새소리에 긍정적으로
반응한다는 사실을 암시한다.'
- 과학 연구원, 2012년 2월 8일 자 《데일리 텔레그래프》

수 세기 동안 등장한 영시(英詩)들이
이와 같은 사실을 암시한다.
새들의 노랫소리 들릴 때
부정적으로 반응하는 경우는 드물다고.

시의 쓸모는 무엇인가?
당신이 묻는다. 자, 그 대답은 이렇게 시작하지.
시는 인간의 마음에 관한
일화적 증거라고.

떠날 거야

   (딕과 아프캄을 위해*)

내년 여름일까? 그다음 해 여름일까?
운이 좋으면 우리 몇 년 안에 만나
햇살 맞으며 맘껏 웃고 마시고
공항에서 헤어지며 눈물 흘리겠지.

---

* 이슬람 근본주의를 반대하는 영국의 시인이자 번역가 딕 데이비스(Dick Davis)와 그의 아내인 이란 여성 아프캄 다르반디(Afkham Darbandhi)를 가리킨다. 이들은 현재 미국에서 지낸다.

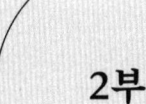

2부

THE
ORANGE

Valentine

My heart has made its mind up
And I'm afraid it's you.
Whatever you've got lined up,
My heart has made its mind up
And if you can't be signed up
This year, next year will do.
My heart has made its mind up
And I'm afraid it's you.

The Orange

At lunchtime I bought a huge orange –
The size of it made us all laugh.
I peeled it and shared it with Robert and Dave –
They got quarters and I had a half.

And that orange, it made me so happy,
As ordinary things often do
Just lately. The shopping. A walk in the park.
This is peace and contentment. It's new.

The rest of the day was quite easy.
I did all the jobs on my list
And enjoyed them and had some time over.
I love you. I'm glad I exist.

Flowers

Some men never think of it.
You did. You'd come along
And say you'd nearly brought me flowers
But something had gone wrong.

The shop was closed. Or you had doubts –
The sort that minds like ours
Dream up incessantly. You thought
I might not want your flowers.

It made me smile and hug you then.
Now I can only smile.
But, look, the flowers you nearly brought
Have lasted all this while.

At 3 a.m.

the room contains no sound
except the ticking of the clock
which has begun to panic
like an insect, trapped
in an enormous box.

Books lie open on the carpet.

Somewhere else
you're sleeping
and beside you there's a woman
who is crying quietly
so you won't wake.

Loss

The day he moved out was terrible –
That evening she went through hell.
His absence wasn't a problem
But the corkscrew had gone as well.

Two Cures for Love

1. Don't see him. Don't phone or write a letter.
2. The easy way: get to know him better.

Defining the Problem

I can't forgive you. Even if I could,
You wouldn't pardon me for seeing through you.
And yet I cannot cure myself of love
For what I thought you were before I knew you.

I Worry

I worry about you
So long since we spoke.
Love, are you downhearted,
Dispirited, broke?

I worry about you.
I can't sleep at night.
Are you sad? Are you lonely?
Or are you all right?

They say that men suffer,
As badly, as long.
I worry, I worry,
In case they are wrong.

Faint Praise

Size isn't everything. It's what you do
That matters, darling, and you do quite well
In some respects. Credit where credit's due –
You work, you're literate, you rarely smell.
Small men can be aggressive, people say,
But you are often genial and kind,
As long as you can have things all your way
And I comply, and do not speak my mind.
You look all right. I've never been disgusted
By paunchiness. Who wants some skinny youth?
My friends have warned me that you can't be trusted
But I protest I've heard you tell the truth.
Nobody's perfect. Now and then, my pet,
You're almost human. You could make it yet.

Some More Light Verse

You have to try. You see a shrink.
You learn a lot. You read. You think.
You struggle to improve your looks.
You meet some men. You write some books.
You eat good food. You give up junk.
You do not smoke. You don't get drunk.
You take up yoga, walk and swim.
And nothing works. The outlook's grim.
You don't know what to do. You cry.
You're running out of things to try.

You blow your nose. You see the shrink.
You walk. You give up food and drink.
You fall in love. You make a plan.
You struggle to improve your man.
And nothing works. The outlook's grim.
You go to yoga, cry, and swim.
You eat and drink. You give up looks.
You struggle to improve your books.
You cannot see the point. You sigh.
You do not smoke. You have to try.

After the Lunch

On Waterloo Bridge, where we said our goodbyes,
The weather conditions bring tears to my eyes.
I wipe them away with a black woolly glove
And try not to notice I've fallen in love.

On Waterloo Bridge I am trying to think:
This is nothing. You're high on the charm and the drink.
But the juke-box inside me is playing a song
That says something different. And when was it wrong?

On Waterloo Bridge with the wind in my hair
I am tempted to skip. *You're a fool.* I don't care.
The head does its best but the heart is the boss –
I admit it before I am halfway across.

Favourite

When they ask me, 'Who's your favourite poet?'
I'd better not mention you,
Though you certainly are my favourite poet
And I like your poems too.

Magnetic

i spell it out on this fridge door
you are so wonderful
i even like th   way you snor

Nine-line Triolet

Here's a fine mess we got ourselves into,
My angel, my darling, true love of my heart
Etcetera. Must stop it but I can't begin to.
Here's a fine mess we got ourselves into –
Both in a spin with nowhere to spin to,
Bound by the old rules in life and in art.
Here's a fine mess we got ourselves into,
(I'll curse every rule in the book as we part)
My angel, my darling, true love of my heart.

Seeing You

Seeing you will make me sad.
I want to do it anyway.
We can't relive the times we had –
Seeing you will make me sad.
Perhaps it's wrong. Perhaps it's mad.
But we will both be dead one day.
Seeing you will make me sad.
I have to do it anyway.

Dutch Portraits

To find myself in tears is a surprise –
Paintings don't often get to me like this:
These faces with their vulnerable eyes
And lips so soft that they invite a kiss;
The long-haired husband, gazing at his bride
With evident desire, his hand around
Her wrist, six years before she died –
Both so alive and so long underground.
And here's a husband who resembles you
When you were plump and bearded. It's too much.
He looks so happy and his wife does too,
Still smiling, now they can no longer touch.
Someone will read our story, by and by.
Perhaps they'll feel like this. Perhaps they'll cry.

The Uncertainty of the Poet

'The Tate Gallery yesterday announced that it had paid £1 million for a Giorgio de Chirico masterpiece, *The Uncertainty of the Poet*. It depicts a torso and a bunch of bananas.' – *Guardian,* 2 April 1985

       I am a poet.
       I am very fond of bananas.

       I am bananas.
       I am very fond of a poet.

       I am a poet of bananas.
       I am very fond,

       A fond poet of 'I am, I am' –
       Very bananas,

       Fond of 'Am I bananas,
       Am I?' – a very poet.

       Bananas of a poet!
       Am I fond? Am I very?

       Poet bananas! I am.
       I am fond of a 'very'.

I am of very fond bananas.
Am I a poet?

Haiku

A perfect white wine
is sharp, sweet and cold as this:
birdsong in winter.

By the River

The day is so still
you can almost hear the heat.
You can almost hear
that royal blue dragonfly
landing on the old white boat.

Names

She was Eliza for a few weeks
When she was a baby
Eliza Lily. Soon it changed to Lil.

Later she was Miss Steward in the baker's shop
And then 'my love', 'my darling', Mother.

Widowed at thirty, she went back to work
As Mrs Hand. Her daughter grew up,
Married and gave birth.

Now she was Nanna. 'Everybody
Calls me Nanna,' she would say to visitors.
And so they did – friends, tradesmen, the doctor.

In the geriatric ward
They used the patients' Christian names.
'Lil,' we said, 'or Nanna,'
But it wasn't in her file
And for those last bewildered weeks
She was Eliza once again.

Tich Miller

Tich Miller wore glasses
with elastoplast-pink frames
and had one foot three sizes larger than the other.

When they picked teams for outdoor games
she and I were always the last two
left standing by the wire-mesh fence.

We avoided one another's eyes,
stooping, perhaps, to re-tie a shoelace,
or affecting interest in the flight

of some fortunate bird, and pretended
not to hear the urgent conference:
'Have Tubby!' 'No, no, have Tich!'

Usually they chose me, the lesser dud,
and she lolloped, unselected,
to the back of the other team.

At eleven we went to different schools.
In time I learned to get my own back,
sneering at hockey-players who couldn't spell.

Tich died when she was twelve.

Absent Friends

'The ones we remember are those linked
with things we do all the time'
– Katharine Whitehorn

Roz

My school friend Roz, who died twenty years ago,
pulled her cardigan down at the back
every time she stood up and crossed a room.

Whenever I glance in a mirror
and see that my cardigan has ridden up
I remember Roz.

She was my rival in English.
The teachers were so impressed
by her passion for Tolkien
that I didn't read *The Lord of the Rings*
until I was fifty-five.

Little Donkey

The children's favourite. We had
to sing it in the Christmas concert
every year, plodding along
with me at the piano, and a child
going clip-clop with coconut shells
or woodblock: a coveted job.

It wasn't my favourite.
After I left teaching
I forgot about it
for more than ten years

until one day, near Christmas,
in a busy high street
a Salvation Army band
began to play it. I stood still

with tears in my eyes.
Little Donkey. All those children
who loved it so much.
All those hands in the air
begging to be chosen
to make the sound of his hooves.

A Christmas Poem

At Christmas little children sing and merry bells jingle,
The cold winter air makes our hands and faces tingle
And happy families go to church and cheerily they mingle
And the whole business is unbelievably dreadful, if you're single.

Men Talking

Anecdotes and jokes,
On and on and on.
If you're with several blokes,
It's anecdotes and jokes.

If you were to die
Of boredom, there and then,
They'd notice, by and by,
If you were to die.

But it could take a while.
They're having so much fun.
You neither speak nor smile.
It could take a while.

Song

My love got in the car
And sat on my banana,
My unobserved banana
And my organic crisps.

We spoke of life and love,
His rump on my banana,
My hidden, soft banana
And my forgotten crisps.

He kissed me more than once
As he sat on that banana,
That newly-squashed banana
And those endangered crisps.

We looked up at the stars –
Beneath him, my banana,
My saved-from-lunch banana
And my delicious crisps.

At last I dropped him off
And noticed the banana –
Alas, a ruined banana
And sadly damaged crisps.

You'd think he would have felt
A fairly large banana
And, if not the banana,
The lumpy bag of crisps.

But he's the kind of man
Who'll sit on a banana
For hours. Watch your banana
And guard your bag of crisps.

He waved goodbye and smiled,
Benign as a banana.
'I love you, daft banana,'
Said I, and ate the crisps.

Being Boring

'May you live in interesting times.' – Chinese curse

If you ask me 'What's new?', I have nothing to say
Except that the garden is growing.
I had a slight cold but it's better today.
I'm content with the way things are going.
Yes, he is the same as he usually is,
Still eating and sleeping and snoring.
I get on with my work. He gets on with his.
I know this is all very boring.

There was drama enough in my turbulent past:
Tears and passion – I've used up a tankful.
No news is good news, and long may it last.
If nothing much happens, I'm thankful.
A happier cabbage you never did see,
My vegetable spirits are soaring.
If you're after excitement, steer well clear of me.
I want to go on being boring.

I don't go to parties. Well, what are they for,
If you don't need to find a new lover?
You drink and you listen and drink a bit more
And you take the next day to recover.
Someone to stay home with was all my desire

And, now that I've found a safe mooring,
I've just one ambition in life: I aspire
To go on and on being boring.

He Tells Her
(for Ruth B.)

He tells her that the Earth is flat –
He knows the facts, and that is that.
In altercations fierce and long
She tries her best to prove him wrong.
But he has learned to argue well.
He calls her arguments unsound
And often asks her not to yell.
She cannot win. He stands his ground.

The planet goes on being round.

A Vow

I cannot promise never to be angry;
I cannot promise always to be kind.
You know what you are taking on, my darling –
It's only at the start that love is blind.

And yet I'm still the one you want to be with
And you're the one for me – of that I'm sure.
You are my closest friend, my favourite person,
The lover and the home I've waited for.

I cannot promise that I will deserve you
From this day on. I hope to pass that test.
I love you and I want to make you happy.
I promise I will do my very best.

Evidence

> 'A great deal of anecdotal evidence suggests
> that we respond positively to birdsong.'
> – scientific researcher, *Daily Telegraph*, 8 February 2012

Centuries of English verse
Suggest the selfsame thing:
A negative response is rare
When birds are heard to sing.

What's the use of poetry?
You ask. Well, here's a start:
It's anecdotal evidence
About the human heart.

Leaving
(for Dick and Afkham)

Next summer? The summer after?
With luck we've a few more years
Of sunshine and drinking and laughter
And airports and goodbyes and tears.

옮긴이 오웅석

대일 외국어고등학교에서 에스파냐어를 배우고 중앙대학교에서 영어영문학을 전공했다. 글밥 아카데미를 수료하고 바른번역 소속 번역가로 활동 중이다. 옮긴 책으로는《신에 맞선 12인》,《몽테뉴의 살아있는 생각》등이 있다

오렌지 THE ORANGE

초판 1쇄 발행 2025년 4월 16일
초판 2쇄 발행 2025년 5월 12일

지은이 | 웬디 코프
옮긴이 | 오웅석
펴낸이 | 박혜연

디자인 | 이연수
마케팅 | 김하늘

펴낸곳 | ㈜윌마   출판등록 | 2024년 7월 11일 제 2024-000120호
ISBN 979-11-988895-6-0 (03840)

· 책값은 뒤표지에 있습니다.
· 파본은 구입하신 서점에서 교환해드립니다.
· 이 책은 저작권법에 의하여 보호를 받는 저작물이므로 무단 전재와 복제를 금합니다.

(주)윌마는 독자 여러분의 책에 관한 아이디어와 원고 투고를 기다리고 있습니다. 책 출간을 원하시는 분은 이메일 wilma@wilma.kr로 간단한 개요와 취지, 연락처 등을 보내주세요.